Apéro dînatoire

SOLAR
EDITIONS

Édito

À une époque où tout va très vite, qu'il est bon de faire une pause pour prendre le temps de se réunir autour d'une table, en famille ou entre amis, et de se régaler avec des plats sains et variés !

C'est pourquoi vous trouverez dans ce livre plus de 50 recettes, des plus classiques aux plus originales, simples et rapides à réaliser au quotidien. Toutes plus savoureuses les unes que les autres, elles sont également illustrées par une magnifique photographie qui ne manquera pas de vous mettre en appétit. Classées en plusieurs parties, ces recettes à la thématique unique se déclinent sous différentes formes, et s'adaptent ainsi à toutes les occasions et aux goûts de toute la famille.

Alors, prenez soin de ceux qui vous entourent, comblez-les de délicieux plats maison sans pour autant passer une éternité en cuisine, et partagez ces Plaisirs Gourmands, aussi délicieux qu'équilibrés, avec les gens que vous aimez.

Bon appétit !

Sommaire

Dips

Crème de chèvre à la roquette

★☆ FACILE - 15 MINUTES - 30 MINUTES

POUR 4 PERSONNES :

180 g de bûche de chèvre

4 c. à s. de crème fraîche

10 g de roquette

1 petite gousse d'ail

Sel et poivre du moulin

1 Retirez soigneusement la croûte de la bûche.

2 Écrasez le chèvre à la fourchette, puis transvasez-le dans une jatte. Incorporez l'ail haché et la crème fraîche. Battez énergiquement au fouet jusqu'à ce que la préparation soit homogène.

3 Salez, poivrez et ajoutez la roquette, préalablement lavée et hachée grossièrement au couteau.

4 Mélangez bien le dip, versez-le dans un bol et laissez-le 30 minutes au frais avant de servir.

ASTUCE

Choisissez les accompagnements selon l'envie : bâtonnets de crudités ou de pains grillés… Pour un apéritif dînatoire ou un buffet, tartinez ce dip sur des toasts, puis habillez-les de lamelles de magrets de canard fumé et décorez-les avec un brin de roquette.

Dip de munster au poivre vert

★☆ FACILE - 15 MINUTES - 30 MINUTES

POUR 4 PERSONNES :

200 g de munster

100 g de St Moret®

1 c. à s. de poivre vert au vinaigre et quelques grains pour la décoration

1 Retirez la croûte du munster, puis écrasez le fromage à la fourchette.

2 Transvasez-le dans une jatte, ajoutez le St Moret® et battez le tout énergiquement au fouet.

3 Égouttez les grains de poivre vert et écrasez-les au pilon dans un mortier jusqu'à l'obtention d'une pâte. Incorporez-la aux fromages et mélangez bien.

4 Placez la jatte au réfrigérateur pendant 30 minutes pour bien rafraîchir la préparation.

5 Donnez ensuite un ou deux coups de fouet, puis versez le dip dans un bol et parsemez de grains de poivre vert.

ASTUCE

Ce dip s'accompagne naturellement de pain frais ou grillé, ainsi que de grissini et de crackers. Quelques petites rattes (pommes de terre) cuites à la vapeur seront également de bonnes compagnes.

Crème de fromage

★☆ FACILE - 10 MINUTES - 1 HEURE

POUR 4 PERSONNES :

1 camembert bien fait

130 g de mascarpone

3 c. à s. de crème fraîche

1 gousse d'ail

Brins de roquette

Sel et poivre du moulin

1 Après avoir retiré la croûte du camembert, battez-le au fouet dans une jatte avec le mascarpone et la crème fraîche. Lorsque le mélange est homogène, ajoutez l'ail haché, du sel et du poivre.

2 Réservez le dip au moins 1 heure au réfrigérateur. Veillez à le sortir 15 minutes avant de le déguster pour qu'il soit bien frais, tout en restant souple.

3 Répartissez la crème dans quatre petites coupelles ou verrines, et décorez d'un brin de roquette.

ASTUCE

Grillez des tranches de pain d'épice, puis taillez-les en bâtonnets. Faites de même avec du pain de campagne ou de la baguette.

Dip de poivron rouge

★☆ FACILE - 30 MINUTES - 20 MINUTES - 1 HEURE

POUR 4 PERSONNES :

250 g de poivron rouge

2 gousses d'ail

200 g de ricotta

1 c. à s. de lait

1 c. à s. d'origan et 1 pincée

1 filet d'huile pimentée

2 c. à s. d'huile d'olive

Sel et poivre du moulin

1 Dans une sauteuse, chauffez l'huile d'olive et faites-y revenir le poivron lavé et coupé en petits dés. Salez et laissez fondre à feu doux.

2 Quand le poivron est bien moelleux, ajoutez l'origan ainsi qu'une gousse d'ail hachée, et poursuivez la cuisson quelques minutes jusqu'à ce qu'il caramélise légèrement.

3 Dans une jatte, mélangez la ricotta avec l'huile pimentée et une gousse d'ail hachée. Poivrez et incorporez les dés de poivron refroidis.

4 Laissez reposer 1 heure au réfrigérateur.

5 Avant de servir, ajoutez le lait, donnez un petit coup de fouet, puis versez le dip dans un bol. Saupoudrez d'une pincée d'origan.

ASTUCE

Pour rester dans la note italienne, accompagnez ce dip de grissini, de bruschetta et de ciabatta grillée et taillée en bâtonnets.

Dip de cacahuètes

★☆ FACILE - 15 MINUTES - 30 MINUTES

POUR 4 PERSONNES :

320 g de Kiri®

70 g de cacahuètes salées et quelques cacahuètes

POUR LE DÉCOR

1 petite gousse d'ail

4 c. à s. de lait

Poivre du moulin

1 Dans un mini-hachoir, mixez finement les cacahuètes et l'ail.

2 Dans une jatte, écrasez les Kiri® à l'aide d'une cuillère, pour en faire une crème souple. Ajoutez les cacahuètes et malaxez bien le tout. Incorporez le lait, poivrez très légèrement et mélangez de nouveau.

3 Placez le dip 30 minutes au frais puis, au moment de servir, donnez un dernier coup de cuillère pour bien lisser la préparation et versez-la dans un bol. Décorez de quelques cacahuètes supplémentaires.

ASTUCE

Des grissini, des mouillettes de pain grillé, des côtes de céleri ou des bâtons de carotte accompagneront délicieusement cet apéritif.

Dip de chèvre frais à la coriandre

★☆ FACILE - 15 MINUTES - 30 MINUTES

POUR 4 PERSONNES :

200 g de saintemaure (fromage de chèvre) cendré

1 gousse d'ail hachée

2 citrons verts

2 c. à s. de coriandre hachée

Poivre du moulin

1 Retirez la cendre du fromage, puis écrasez-le à la fourchette. Mettez de côté une rondelle de citron vert.

2 Placez le fromage dans une jatte et ajoutez le jus des citrons, la coriandre et l'ail hachés. Poivrez légèrement et battez le tout énergiquement au fouet.

3 Réservez la préparation au moins 30 minutes au frais. Avant de servir, mélangez le dip. Versez-le dans un ramequin et décorez de la rondelle de citron vert.

ASTUCE

Proposez ce dip avec des pois gourmands (blanchis quelques instants dans de l'eau bouillante et rafraîchis) et des brochettes de crevettes (crues, décortiquées et passées sous le gril du four), ou bien des brochettes de petits légumes.

Délice de haddock

★☆ FACILE - 10 MINUTES - 30 MINUTES

POUR 4 PERSONNES :

40 g de filets de haddock
et 1 lamelle pour le décor

12 portions de Vache qui rit®

2 citrons

2 c. à s. de lait

1 Retirez la peau du haddock et les éventuelles arêtes.

2 Mixez le haddock avec la Vache qui rit®, jusqu'à ce que vous obteniez une crème lisse. Ajoutez ensuite le jus des citrons et le lait tout en continuant de mixer. Il est inutile de saler.

3 Réservez le tout au moins 30 minutes au frais.

4 Pour servir, mélangez le dip, puis versez-le dans une coupelle et décorez-le avec la lamelle de haddock.

ASTUCE

Le pain grillé, qui rehausse la sublime saveur océane de ce dip, des petits blinis passés quelques minutes au grille-pain, ou encore des crackers, permettront de réaliser de délicieuses tartines.

Dip de noix de coco à l'aneth

★☆ FACILE - 15 MINUTES - 30 MINUTES

POUR 4 PERSONNES :

300 g de ricotta

1 citron

4 gousses d'ail

2 c. à s. d'aneth ciselé et 1 brin entier

5 cl de lait de coco

80 g de noix de coco râpée

Sel et poivre du moulin

1 Dans une jatte, battez la ricotta au fouet avec la noix de coco râpée et l'ail haché. Salez et poivrez. Ajoutez ensuite le lait de coco, le jus du citron et l'aneth, puis mélangez bien.

2 Réservez la préparation 30 minutes au frais.

3 Fouettez le dip une dernière fois, transvasez-le dans une coupelle, et ajoutez un brin d'aneth.

ASTUCE

De nombreux accompagnements sont possibles : radis, coeurs de palmier, bâtonnets de concombre, petits champignons de Paris, coeurs de trévise, crevettes roses ou grissini au sésame.

Dip aux lardons et à la tequila

★☆ FACILE - 15 MINUTES - 10 MINUTES - 30 MINUTES

POUR 4 PERSONNES :

6 petits-suisses

100 g de lardons fumés

2 gousses d'ail

4 c. à s. de tequila

Sel et poivre du moulin

1 Dans une poêle, faites revenir les lardons sans matière grasse. Quand ils sont bien dorés, ajoutez l'ail émincé et laissez cuire encore 2 à 3 minutes.

2 Versez la tequila dans la poêle et mélangez soigneusement afin de récupérer les sucs de cuisson des lardons.

3 Mixez-les à chaud avec les petits-suisses, jusqu'à ce que vous obteniez une crème assez lisse. Salez très légèrement et poivrez. Transvasez le dip dans un bol et réservez au frais au moins 30 minutes.

ASTUCE

Servez-le accompagné de bâtonnets de légumes crus, de rondelles de baguette grillées ou de grissini.

Compotée de tomates au cumin et à la menthe

★☆ FACILE - 20 MINUTES - 50 MINUTES - ✱ 1 HEURE

POUR 4 PERSONNES :

5 tomates bien mûres

2 oignons rouges

2 c. à s. de menthe hachée et 1 feuille

1 c. à s. de graines de cumin

1 c. à s. d'huile d'olive

Sel et poivre du moulin

1 Dans une casserole, chauffez l'huile d'olive et faites-y dorer les oignons finement émincés. Lorsqu'ils ont pris une belle couleur, ajoutez les graines de cumin et laissez revenir 2 minutes.

2 Incorporez ensuite les tomates lavées et coupées en petits dés. Salez, poivrez et faites-les mijoter environ 40 minutes à feu doux. Elles vont ainsi « compoter » doucement jusqu'à l'obtention d'un mélange assez épais et d'aspect caramélisé.

3 Laissez complètement refroidir, puis ajoutez la menthe et placez le tout au moins 1 heure au réfrigérateur.

4 Au dernier moment, mélangez le dip et versez-le dans un bol. Décorez d'une feuille de menthe et servez-le bien froid accompagné de pappadums (chips indiennes), de bruschetta ou de toasts de pain de campagne.

VARIANTE

Ambiance chaleureuse et ensoleillée autour de ce dip aux parfums d'Orient. Sur la route des épices, savourez aussi les saveurs indiennes en cuisinant ce dip avec du curry et de la coriandre.

Tapenade aux trois couleurs

★☆ FACILE - 20 MINUTES

POUR 6 PERSONNES :

125 g d'olives noires dénoyautées

125 g d'olives vertes dénoyautées

2 gousses d'ail

100 g de miettes de thon

100 g de câpres

100 g d'anchois

8 c. à s. d'huile d'olive

250 g de tomates confites ou séchées

100 g de pignons de pin

Thym

1 bouquet de basilic

Poivre

1 Pelez et hachez une gousse d'ail et coupez-la en deux. Égouttez le thon et les câpres.

2 Mixez une demi-gousse d'ail, le thon, la moitié des câpres et deux cuillerées à soupe d'huile d'olive avec les olives vertes égouttées. Poivrez, ajoutez un peu de thym et versez la tapenade verte dans un ravier. Décorez avec une olive verte.

3 Mixez l'autre demi-gousse d'ail, les anchois, le reste des câpres et deux cuillerées à soupe d'huile d'olive avec les olives noires égouttées. Poivrez, ajoutez un peu de thym et versez la tapenade noire dans un deuxième ravier. Décorez avec une olive noire.

4 Épluchez la deuxième gousse d'ail. Mixez-la avec les tomates, les pignons, le basilic et quatre cuillerées à soupe d'huile d'olive. Poivrez, puis versez la tapenade rouge dans un troisième ravier. Décorez d'une feuille de basilic.

5 Servez ces tapenades avec de petits croûtons grillés ou des légumes crus (radis, concombre, chou-fleur, endives, tomates cerises...).

Houmous

★☆ FACILE - ⌚ 25 MINUTES

POUR 8 PERSONNES :

800 g de pois chiches au naturel

3 c. à s. de tahina (purée de sésame)

1 citron vert

1 gousse d'ail

10 cl d'huile d'olive

Sel et poivre

POUR SERVIR

1 oignon rouge

60 g d'olives noires

2 c. à s. de câpres égouttées

2 c. à s. d'huile d'olive

1 Pressez le citron vert pour recueillir son jus. Pelez et hachez la gousse d'ail.

2 Égouttez les pois chiches, puis rincez-les pendant 20 secondes sous l'eau chaude dans une passoire. Pincez-les un à un entre le pouce et l'index pour les « dérober » (les peler). Mettez-les au fur et à mesure dans le bol d'un mixeur.

3 Ajoutez le jus de citron vert, la tahina, la gousse d'ail, du sel et du poivre. Mixez pendant 30 secondes, puis réduisez la vitesse en mettant sur la moins rapide et incorporez progressivement l'huile d'olive pour monter l'houmous comme une mayonnaise. Versez dans un bol et rectifiez l'assaisonnement. Réservez au frais.

4 Au moment de servir, versez l'houmous au centre d'un plat, arrosez d'un filet d'huile d'olive, parsemez de câpres, puis entourez d'olives noires et de rondelles d'oignon rouge.

VARIANTE

Ajoutez un peu de croquant en incorporant des pignons à la préparation au moment de servir.

Tarama

★☆ FACILE - 12 MINUTES

POUR 8 PERSONNES :

300 g d'œufs de mulet (à défaut, d'œufs de cabillaud)

250 g de pain de mie légèrement rassis

Lait

3 c. à s. de jus de citron

8 cl d'huile de pépins de raisin

Sel et poivre

1 Retirez la peau de la poche d'œufs de mulet (conservez-la si vous souhaitez donner un petit goût fumé à votre tarama). Émiettez le bloc d'œufs, et versez ces derniers dans le bol d'un mixeur.

2 Versez un peu de lait dans une assiette creuse. Passez rapidement les tranches de pain de mie dans le lait, puis ajoutez-les aux œufs de poisson. Salez et poivrez, incorporez le jus de citron. Mixez pendant 15 à 20 secondes.

3 Réduisez la vitesse en mettant sur la moins rapide et ajoutez l'huile de pépins de raisin en filet pour monter le tarama comme une mayonnaise. Versez dans un bol, rectifiez l'assaisonnement et réservez au frais. Servez avec des blinis ou des toasts de pain de mie grillés.

Guacamole

★☆ FACILE - 10 MINUTES - 5 MINUTES

POUR 4 PERSONNES :

3 avocats

Jus de ½ citron vert

1 tomate coupée en petits dés

½ oignon finement haché

2 piments jalapeños, finement émincés

1 petit bouquet de coriandre hachée

Sel

NACHOS POUR SERVIR

8 tortillas de maïs

Huile de friture

Sel

1 Préparez les nachos. Faites chauffer l'huile de friture dans une grande sauteuse ou dans une friteuse. Empilez les tortillas, puis coupez-les en huit parts triangulaires. Lorsque l'huile est chaude, plongez-les 1 minute, jusqu'à ce qu'elles soient dorées, puis retirez-les et posez-les sur du papier absorbant. Salez. Procédez en plusieurs fois.

2 Coupez les avocats en deux, ôtez le noyau et récupérez la chair dans un bol. Arrosez de jus de citron vert. Écrasez la chair grossièrement à la fourchette, puis ajoutez le reste des ingrédients et mélangez. Salez. Servez avec les nachos tièdes.

Verrines

Ratatouille à la roquette et à la ricotta

★☆ FACILE - 20 MINUTES

POUR 4 PERSONNES :

500 g de ratatouille en boîte, en bocal ou surgelée (décongelée)

2 c. à s. de basilic ciselé

1 c. à c. de vinaigre balsamique

1 sachet de roquette

1 poivron rouge

1 poivron orange

200 g de ricotta

2 c. à s. de persil ciselé

Sel et poivre du moulin

1 Égouttez la ratatouille si elle comporte trop de liquide. Passez-la rapidement au mixeur en ajoutant le basilic et le vinaigre balsamique. Répartissez-en la moitié dans des verrines, mettez-les au frais ainsi que le reste de ratatouille.

2 Coupez les poivrons en deux, retirez les cloisons intérieures et les graines. Taillez la pulpe en petits dés en les mélangeant. Égouttez la ricotta et émiettez-la grossièrement en lui ajoutant le persil.

3 Ajoutez les poivrons sur la ratatouille dans les verrines, puis le reste de ratatouille, la roquette ciselée et enfin la ricotta. Salez légèrement et poivrez au moulin. Servez avec une petite cuillère.

ASTUCE

Si vous avez du temps, préparez une grande quantité de ratatouille et congelez-la dans des barquettes de 200 à 300 g, pour pouvoir les utiliser facilement (la décongélation au four à micro-ondes est très rapide).

Deux céleris, deux fromages et deux noix

★☆ FACILE - 20 MINUTES

POUR 4 PERSONNES :

4 fines branches de céleri avec les feuilles tendres

300 g de céleri-rave

1 citron

2 c. à s. de crème fleurette

150 g de cantal demi-doux

150 g de bleu d'Auvergne

12 cerneaux de noix

100 g de noix de cajou

4 rondelles de pain de seigle un peu rassis

Sel et poivre

1 Effilez et hachez grossièrement les branches de céleri avec leurs feuilles. Pelez et râpez le céleri-rave, ajoutez-lui le jus de citron et la crème. Salez et poivrez.

2 Écroûtez et coupez le cantal en petits dés. Écroûtez et émiettez le bleu. Laissez les cerneaux de noix entiers. Concassez grossièrement les noix de cajou. Émiettez le pain de seigle ou bien passez-le au mixeur.

3 Répartissez le céleri-branche dans des verrines, ajoutez le bleu d'Auvergne et les noix de cajou. Répartissez par-dessus le céleri-rave assaisonné, puis le pain de seigle. Ajoutez enfin les dés de cantal et terminez par les cerneaux de noix. Servez avec des petites fourchettes à gâteau.

VARIANTE

La palette des fromages disponibles vous permet de varier la composition de ces verrines à volonté, mais en choisissant des saveurs assez affirmées (mimolette, parmesan, roquefort, brebis basque). Quant aux fruits secs, utilisez également pignons de pin, noisettes et noix de pécan.

Tiramisu de tomates, crème de basilic et lard fumé

★☆ FACILE - 20 MINUTES - 5 MINUTES

POUR 4 PERSONNES :

4 tranches de pain de mie blanc

2 c. à s. d'huile d'olive

2 gousses d'ail

450 g de tomates pelées au naturel

1 bouquet de basilic frais

100 g de ricotta

10 cl de crème fleurette

8 fines tranches de lard de poitrine maigre fumé

Sel et poivre

1 Faites griller les tranches de pain de mie, puis coupez-les en très petits dés dans une jatte. Arrosez-les d'huile d'olive, ajoutez l'ail pelé et pressé, poivrez et réservez. Égouttez les tomates et coupez-les en petits dés, salez et poivrez. Ciselez les feuilles de basilic.

2 Faites chauffer à sec dans une poêle les tranches de lard jusqu'à ce qu'elles deviennent croustillantes, puis hachez-les grossièrement.

3 Répartissez les dés de pain dans des verrines, ajoutez les dés de tomates et la moitié du basilic. Fouettez vivement la ricotta et la crème en ajoutant le reste de basilic. Ajoutez cette préparation sur les tomates et garnissez de lard haché. Servez frais avec une petite fourchette.

ASTUCE

Choisissez du lard de poitrine maigre déjà découenné, que vous pouvez remplacer par du bacon en fines tranches ou, si le goût fumé vous déplaît, par du lard de poitrine maigre non fumé. Enfin, si vous avez l'occasion de trouver le fameux lard de Colonnata italien, n'hésitez pas à goûter ce produit d'exception particulièrement fondant et parfumé.

méditerranée

Tzatziki aux fèves à la croque au sel

★☆ FACILE - 20 MINUTES - 5 MINUTES

POUR 4 PERSONNES :

400 g de fèves surgelées

1 c. à s. d'huile d'olive

300 g de concombre

1 oignon

30 cl de yaourt nature velouté

1 c. à c. de zeste de citron râpé

4 c. à s. de menthe ciselée

2 c. à s. de ciboulette ciselée

100 g de parmesan en copeaux

Sel et poivre

1 Ébouillantez les fèves pendant 4 à 5 minutes, puis égouttez-les et écrasez-les grossièrement en ajoutant l'huile d'olive, salez et poivrez. Réservez au frais.

2 Pelez et hachez le concombre et l'oignon. Mélangez ces deux ingrédients avec le yaourt et le zeste de citron. Incorporez la menthe, salez et poivrez.

3 Répartissez la moitié des fèves dans des verrines, ajoutez le tzatziki, puis le reste des fèves. Déposez sur le dessus la ciboulette, puis les copeaux de parmesan. Servez à température ambiante avec une petite cuillère.

ASTUCE

Prêtes à l'emploi, les fèves surgelées pelées, rapidement ébouillantées, sont aussi délicieuses que les fraîches et surtout disponibles toute l'année.

VARIANTE

Vous pouvez ajouter aux fèves un filet de vinaigre balsamique ou de vinaigre de xérès et remplacer le parmesan par du pecorino affiné, lui aussi taillé en copeaux.

Tartare d'avocat et crabe, vinaigrette à la moutarde de Meaux

★☆ FACILE - 15 MINUTES

POUR 6 PERSONNES :

300 g de chair de crabe (frais ou en conserve)

3 avocats

Jus de ½ citron

1 c. à s. de ciboulette ciselée et quelques brins

POUR LA VINAIGRETTE

2 c. à c. de moutarde à l'ancienne

1 c. à s. de vinaigre de xérès

4 c. à s. d'huile de tournesol

Sel et poivre du moulin

1 Émiettez la chair de crabe et retirez soigneusement tous les petits cartilages.

2 Préparez la vinaigrette : délayez la moutarde avec le vinaigre, salez et poivrez légèrement, puis versez lentement l'huile en fouettant avec une fourchette. Ajoutez la ciboulette et mélangez bien.

3 Coupez les avocats en quatre et ôtez le noyau. Retirez la peau et coupez la chair en très petits dés au couteau. Mettez-la dans un bol et arrosez-la aussitôt de jus de citron.

4 Répartissez l'avocat dans des verres, puis disposez la chair de crabe. Nappez chacun d'une cuillerée à café de vinaigrette et piquez quelques brins de ciboulette pour décorer.

ASTUCE

Si vous utilisez du crabe en conserve, égouttez-le avec soin avant de préparer vos verrines.

Verrines de courgette au chèvre frais

★☆ FACILE - 15 MINUTES

POUR 4 PERSONNES :

2 courgettes à peau fine, bien fermes

1 citron

200 g de chèvre frais (Chavroux®)

1 bouquet de ciboulette

2 c. à s. d'estragon

4 œufs de caille durs

8 crackers salés (Tuc®)

8 petits cornichons

Sel et poivre du moulin

1 Lavez et essuyez les courgettes, râpez-les (côté gros trous) en ajoutant le jus du citron et l'estragon. Dans un bol, malaxez à la fourchette le fromage de chèvre frais et la ciboulette ciselée, salez et poivrez.

2 Hachez les cornichons ; coupez les œufs de caille en deux ; pilez grossièrement les crackers.

3 Répartissez le chèvre frais à la ciboulette dans des verrines. Ajoutez par-dessus les crackers, puis les cornichons.

4 Ajoutez ensuite les courgettes râpées et déposez sur le dessus les demi-œufs durs de caille. Donnez un tour de moulin à poivre et servez frais avec des petites fourchettes.

ASTUCE

Lorsque les courgettes sont jeunes, à peau fine et à chair bien ferme, on peut les râper facilement et les consommer crues, sans avoir besoin de les peler.

Velouté de brocoli à la coppa

★☆ FACILE - 20 MINUTES - 15 MINUTES

POUR 4 PERSONNES :

600 g de petits bouquets de brocolis

1 c. à s. d'oignon haché

1 c. à s. d'huile d'olive

1 cube de bouillon de légumes

4 tranches de coppa

8 c. à s. de mascarpone

8 biscottes à la farine complète

Sel et poivre

1 Faites revenir l'oignon dans l'huile sans laisser colorer, ajoutez les brocolis et versez 60 cl d'eau chaude, où vous aurez fait dissoudre le cube de bouillon. Laissez cuire pendant 10 minutes. Salez et poivrez.

2 Pendant ce temps, taillez les tranches de coppa en fines languettes. Écrasez grossièrement les biscottes avec un rouleau à pâtisserie.

3 Mixez les brocolis. Versez une cuillerée de biscottes écrasées dans le fond de chaque verrine. Ajoutez une cuillerée de mascarpone, puis le quart du velouté de brocoli. Versez à nouveau une cuillerée de biscottes et une cuillerée de mascarpone. Disposez sur le dessus les languettes de coppa. Servez à température ambiante, avec une petite cuillère.

VARIANTE

Coppa, brocoli et mascarpone font de ces verrines un petit hommage aux bons produits italiens, mais vous pouvez varier les plaisirs en utilisant par exemple des courgettes, du jambon cru et le fromage de vache frais de votre choix.

Mix de maïs au crabe et au poivron

★☆ FACILE - 25 MINUTES

POUR 4 PERSONNES :

400 g de grains de maïs doux

4 c. à s. de crème fleurette très froide

1 c. à c. rase de paprika doux

400 g de chair de crabe en boîte

½ citron vert

1 poivron rouge

1 poivron jaune

1 c. à s. d'huile d'olive

Sel et poivre

1 Égouttez les grains de maïs dans une passoire, puis mélangez-les dans une jatte avec la crème fleurette, salez légèrement et poivrez. Réservez au frais à couvert.

2 Égouttez la chair de crabe en veillant à éliminer le moindre débris de cartilage ou de carapace. Arrosez de jus de citron vert et laissez reposer.

3 Coupez les poivrons en deux, retirez les graines et les cloisons intérieures. Taillez la chair en très petits dés. Salez et poivrez, ajoutez l'huile et mélangez le tout.

4 Répartissez le maïs à la crème dans des verrines. Ajoutez la chair de crabe, puis recouvrez le tout avec le mélange des deux poivrons. Poudrez de paprika et servez frais, avec une petite fourchette à dessert.

ASTUCE

Il existe plusieurs variétés de paprika, plus ou moins parfumé : le meilleur est celui qualifié de rose, qui est doux, légèrement piquant, mais sans âcreté. Pour une saveur plus relevée, vous pouvez le remplacer par du piment d'Espelette en poudre.

Rillettes de maquereau au basilic

★☆ FACILE - ⏲ 20 MINUTES

POUR 4 PERSONNES :

2 boîtes de filets de maquereau au vin blanc

4 carrés demi-sel

4 c. à s. de persil plat ciselé

2 tranches de pumpernickel

1 bouquet de basilic

1 citron

8 grosses olives noires dénoyautées

1 pot d'œufs de lump

Sel et poivre

1 Égouttez les filets de maquereau, puis écrasez-les à la fourchette dans une jatte en ajoutant les carrés demi-sel et le persil. Salez légèrement et poivrez. Réservez au frais.

2 Ciselez les feuilles du bouquet de basilic. Râpez finement le zeste du citron et pressez le jus. Émiettez le pumpernickel. Hachez les olives.

3 Ajoutez le jus du citron aux rillettes de maquereau. Répartissez le pumpernickel émietté dans des verrines. Ajoutez la moitié des rillettes de maquereau par-dessus, puis les olives et le basilic. Répartissez le reste des rillettes dans les verrines et finissez avec une cuillerée d'œufs de lump. Parsemez de zeste de citron râpé. Servez avec une petite cuillère.

ASTUCE

Si vous ne trouvez pas de pumpernickel, ce pain de seigle allemand très noir et compact, prenez du pain de seigle classique, mais faites-le griller et écrasez-le rapidement en grosse chapelure.

Grecque de champignons, tarama et concombre

★☆ FACILE - 30 MINUTES

POUR 4 PERSONNES :

500 g de petits champignons de couche

2 c. à s. de jus de citron

2 c. à s. d'huile d'olive

4 c. à s. de persil plat ciselé

1 gousse d'ail

1 c. à c. de graines de coriandre

4 tomates pelées en boîte au naturel

1 grand pot de tarama

½ concombre

4 grosses olives noires dénoyautées

Sel et poivre

1 Coupez la base du pied des champignons et hachez-les grossièrement en les mettant au fur et à mesure dans une terrine avec le jus de citron et l'huile d'olive. Ajoutez le persil, l'ail pelé et pressé, ainsi que les graines de coriandre rapidement pilées. Mélangez intimement.

2 Égouttez les tomates et hachez-les grossièrement. Ajoutez-les aux champignons, mélangez et tenez au frais. Pendant ce temps, pelez le concombre et coupez-le en petits dés. Salez et poivrez. Répartissez ce concombre dans le fond de verrines.

3 Ajoutez les champignons en sauce par-dessus et déposez ensuite une grosse cuillerée à soupe de tarama. Finissez en posant une olive noire et servez frais avec une petite cuillère.

VARIANTE

La saveur des petits champignons de couche enrobés de sauce tomate, alliée au croquant du concombre, se marie très bien avec le fondant du tarama, que vous pouvez remplacer par du houmous ou par du caviar d'aubergine, achetés tout prêts.

Brousse aux tomates confites et aux olives

★☆ FACILE - ⏲ 15 MINUTES

POUR 4 PERSONNES :

1 bocal de tomates confites à l'huile d'olive

8 biscuits croquants aux amandes

20 grosses olives noires dénoyautées

8 grosses olives vertes dénoyautées

1 c. à s. de concentré de tomate

450 g de brousse

Sel et poivre noir du moulin

1 Égouttez les tomates confites en gardant de côté l'huile d'olive. Coupez les tomates en petits morceaux. Concassez grossièrement les biscuits aux amandes. Coupez les olives noires en rondelles et les olives vertes en deux dans la longueur.

2 Égouttez bien la brousse et mélangez-la avec le concentré de tomate et une cuillerée à soupe de l'huile des tomates confites. Salez et poivrez.

3 Répartissez la brousse assaisonnée dans des verrines. Ajoutez les olives noires et les tomates confites. Parsemez le tout avec les biscuits concassés et déposez les demi-olives vertes sur le dessus.

LE SAVIEZ-VOUS ?

Blanche, douce et crémeuse, la brousse est un fromage frais provençal, à base de lait de brebis ou de chèvre. Le broccio corse fait partie de la même famille.

Concassée de tomates aux anchois et à l'ail

★☆ FACILE - ⌚ 20 MINUTES

POUR 4 PERSONNES :

16 tomates pelées au naturel

4 c. à s. de tapenade

3 belles gousses d'ail

4 c. à s. de basilic ciselé

12 anchois frais marinés à l'huile

2 tomates cerises

2 œufs de caille durs

1 Égouttez les tomates et taillez-les en petits dés. Laissez-les s'égoutter dans une passoire pendant la suite de la préparation. Pelez et hachez finement les gousses d'ail. Mélangez-les avec le basilic.

2 Épongez les anchois et coupez-les en petits morceaux. Répartissez la tapenade dans le fond de quatre verrines.

3 Ajoutez par-dessus la concassée de tomates, puis le mélange d'ail et de basilic. Déposez les morceaux d'anchois sur le dessus, puis ajoutez une demi-tomate cerise et un demi-œuf dur de caille. Servez à température ambiante avec une petite fourchette à dessert.

ASTUCE

Si vous ne trouvez pas d'anchois frais marinés à l'huile, prenez des anchois salés, mais faites-les au préalable tremper dans du lait pour bien les adoucir.

Crème d'artichaut, foie gras et pomme granny

★☆ FACILE - ⏱ 20 MINUTES

POUR 4 PERSONNES :

200 g de foie gras de canard mi-cuit

8 petits fonds d'artichaut en boîte

2 citrons

2 c. à s. de fromage blanc lissé

3 pommes vertes granny smith

Sel et poivre du moulin

1 Égouttez les fonds d'artichauts et passez-les au mixeur en y ajoutant le jus d'un citron et le fromage blanc. Réservez au frais. Pelez les pommes, évidez-les et citronnez-les. Taillez dedans huit fines rondelles (avec le trou au milieu). Coupez le reste en très petits dés.

2 Taillez le foie gras en lamelles ou en dés, sans la graisse. Répartissez les petits dés de pomme dans des verrines. Ajoutez par-dessus la crème d'artichaut, puis disposez les lamelles ou dés de foie gras. Salez et poivrez au moulin.

3 Déposez sur le dessus deux rondelles de pomme en chapeau et ajoutez quelques grains de poivre noir. Servez avec des fourchettes à gâteau.

ASTUCE

Cette alliance savoureuse et insolite apporte une touche de nouveauté. Préparez-la de préférence au dernier moment pour conserver au foie gras son goût le plus fin. Ne servez pas trop froid, pour qu'il développe ses arômes au maximum.

Crevettes aux pommes et au gingembre

★☆ FACILE - 15 MINUTES

POUR 4 PERSONNES :

2 grosses pommes golden

1 citron

12 grosses crevettes roses cuites, décortiquées

4 c. à s. de chutney

1 tronçon de gingembre frais

4 c. à s. de petits grains de raisins blonds sans pépins

Poivre noir du moulin

Pluches de coriandre

1 Pelez les pommes, évidez-les et taillez-les en très petits dés. Mettez-les dans une jatte avec le jus du citron. Mélangez et laissez reposer.

2 Recoupez les crevettes en deux ou trois morceaux. Pelez le gingembre et hachez-le finement.

3 Répartissez le chutney dans le fond de quatre verrines. Ajoutez les raisins, puis les petits dés de pomme au citron. Parsemez de gingembre et ajoutez enfin les crevettes.

4 Donnez un tour de moulin à poivre noir et ajoutez une pluche de coriandre. Servez avec une pique en bois et une petite cuillère.

VARIANTE

Vous pouvez remplacer les crevettes par des queues de langoustines décongelées et le gingembre frais par une cuillerée à soupe rase de gingembre en poudre, mélangée avec le jus de citron et les pommes.

Cuillères

Brandade de morue aux trois poivrons

★☆ FACILE - 30 MINUTES - 30 MINUTES - 4 HEURES

POUR 12 CUILLÈRES :

400 g de filet de morue dessalée

½ poivron rouge

½ demi-poivron jaune

½ poivron vert

12 olives noires

10 cl de lait

6 c. à s. d'huile d'olive

1 gousse d'ail

1 Placez le filet de morue dans un saladier, couvrez d'eau froide et laissez tremper pendant 4 heures.

2 Pendant ce temps, taillez chaque demi-poivron épépiné en très petits dés et réservez-les séparément dans trois ramequins.

3 Égouttez le filet de morue et mettez-le dans une casserole, couvrez d'eau froide et portez à ébullition. Baissez le feu sur très doux et laissez pocher pendant 8 à 10 minutes. Égouttez le filet et émiettez-le dans une assiette.

4 Pelez la gousse d'ail. Faites chauffer le lait dans une petite casserole. Pilez la morue dans un mortier avec la gousse d'ail, puis versez la purée obtenue dans une casserole à fond épais.

5 Incorporez alternativement le lait et l'huile en remuant énergiquement sur feu doux jusqu'à consistance souple et onctueuse.

6 Répartissez cette purée dans des cuillères et disposez sur le dessus des rangées alternées de petits dés de poivrons des trois couleurs. Décorez avec une olive dénoyautée et servez tiède.

ASTUCE

Il existe au rayon frais des pots de brandade de morue d'origine provençale, qui conviennent parfaitement à cette préparation et permettent de gagner du temps.

Tartare de truite fumée au concombre

★☆ FACILE - ⌚ 20 MINUTES - ✳ 1 HEURE

POUR 8 CUILLÈRES :

4 petites tranches de truite fumée (180 g environ)

1 petit concombre

4 c. à s. d'aneth haché

3 c. à c. de moutarde douce

1 c. à s. de crème fraîche

Sel et poivre

1 Pelez le concombre et coupez-le en deux dans la longueur, retirez les graines avec une petite cuillère et détaillez la chair en très fines lamelles. Mettez-les dans un grand bol, poudrez de sel et couvrez, laissez dégorger dans le réfrigérateur pendant 1 heure.

2 Pendant ce temps, posez les tranches de truite à plat sur une planche. Passez votre doigt sur la chair et retirez les arêtes éventuelles avec une pince à épiler. Détaillez ensuite les tranches en petits dés.

3 Par ailleurs, mélangez en fouettant dans un bol la crème et la moutarde, incorporez la moitié de l'aneth, salez légèrement et poivrez. Égouttez soigneusement le concombre dégorgé en le pressant dans vos mains, puis mélangez-le avec la sauce à la moutarde.

4 Répartissez ce mélange dans des cuillères, ajoutez les petits dés de truite dessus, puis décorez avec le reste d'aneth. Servez très frais.

VARIANTE

Vous pouvez bien entendu remplacer la truite fumée par tout autre poisson fumé : saumon, thon ou flétan, voire panacher la préparation.

Ceviche de poisson à la noix de coco

★☆ FACILE - 20 MINUTES - 2 HEURES

POUR 8 CUILLÈRES :

200 g de filets de limande ou de sole

1 citron vert

1 citron jaune

2 c. à s. de lait de coco

1 c. à s. de lait concentré entier non sucré

½ c. à c. de curcuma

1 c. à s. de noix de coco râpée

1 c. à s. de coriandre fraîche hachée

2 c. à s. de ciboulette finement ciselée

1 Rincez les filets de poisson à l'eau froide, égouttez-les et épongez-les. Coupez-les en petits dés avec un couteau bien aiguisé et mettez-les dans un plat creux en terre ou en verre.

2 Lavez les deux citrons et râpez finement le zeste du citron vert. Pressez son jus, ainsi que celui du citron jaune.

3 Versez ces deux jus sur les dés de poisson, ajoutez le zeste râpé et la ciboulette. Mélangez, couvrez et mettez le plat dans le réfrigérateur pendant 2 heures.

4 Réunissez dans un saladier le lait de coco, le lait concentré, le curcuma et la coriandre. Mélangez intimement.

5 Au moment de servir, égouttez les dés de poisson marinés et répartissez-les dans des cuillères. Nappez de sauce et poudrez d'une pincée de noix de coco râpée.

LE SAVIEZ-VOUS ?

Le principe du ceviche consiste à faire mariner du poisson dans du jus de citron jusqu'à consistance opaque, comme s'il était cuit. Le poisson absorbe ainsi tous les parfums de la marinade.

Crevettes à l'ail et concassée de tomates

★☆ FACILE - 20 MINUTES - 5 MINUTES

POUR 24 CUILLÈRES :

24 grosses crevettes roses cuites

2 belles gousses d'ail

4 tomates charnues

2 c. à s. d'huile d'olive

1 c. à c. de fleur de thym

1 c. à c. de vinaigre de xérès

1 petit pot d'œufs de saumon

Sel et poivre

1 Ébouillantez les tomates, puis pelez-les après les avoir entaillées en croix sur le dessus. Coupez-les en quartiers, puis retirez les graines avec une petite cuillère. Taillez la chair des tomates en très petits dés. Mettez-les dans une jatte, ajoutez une cuillerée à soupe d'huile d'olive, le thym et le vinaigre de xérès. Salez et poivrez. Couvrez et réservez au frais.

2 Pelez les gousses d'ail et coupez-les en deux, retirez le germe, puis taillez-les en très fines lamelles (il vous en faut deux douzaines).

3 Faites chauffer le reste d'huile dans une petite poêle. Quand elle est bien chaude, avant qu'elle ne commence à fumer, ajoutez les lamelles d'ail et faites-les revenir sur feu vif en remuant jusqu'à ce qu'elles soient dorées. Égouttez-les et épongez-les sur du papier absorbant.

4 Décortiquez les crevettes pour ne garder que les queues (avec éventuellement l'extrême bout de la queue en décor). Répartissez la concassée de tomates dans des cuillères, posez une crevette dessus.

5 Décorez avec une lamelle d'ail et quelques œufs de saumon.

Ratatouille niçoise aux anchois

★☆ FACILE - 30 MINUTES - 40 MINUTES

POUR 16 CUILLÈRES :

2 tomates

1 courgette

1 petite aubergine

1 poivron rouge

1 c. à s. d'huile d'olive

1 gousse d'ail

1 bouquet garni

1 citron

16 filets d'anchois frais marinés à l'huile

16 pétales de tomate séchée

Sel et poivre

1 Ébouillantez les tomates pendant quelques secondes, puis égouttez-les et pelez-les. Coupez-les en quartiers. Lavez la courgette et coupez le pédoncule, taillez la courgette en rondelles, puis recoupez celles-ci en deux. Lavez l'aubergine et taillez-la en petits cubes. Coupez le poivron en deux, retirez les graines et les cloisons, taillez la chair en petits dés. Pelez la gousse d'ail et hachez-la.

2 Faites chauffer l'huile dans une sauteuse à fond épais, ajoutez les dés d'aubergine et les tomates. Salez et poivrez, faites revenir en remuant pendant 5 minutes, puis ajoutez la courgette et le poivron. Mélangez, ajoutez le bouquet garni. Couvrez et faites mijoter doucement pendant 35 minutes jusqu'à ce que le mélange soit bien fondu. Retirez du feu et retirez le bouquet garni.

3 Écrasez le mélange avec une fourchette en ajoutant le jus du citron. Laissez refroidir complètement, puis mettez au réfrigérateur jusqu'au moment de servir.

4 Répartissez la ratatouille dans des cuillères, déposez un filet d'anchois enroulé par-dessus et décorez d'un pétale de tomate séchée, bien épongé.

ASTUCE

Pour une préparation plus rapide, utilisez de la ratatouille surgelée ou en bocal. Si vous ne trouvez pas de filets d'anchois frais marinés, vous pouvez les remplacer par des filets d'anchois en conserve à l'huile bien épongés. Vous pouvez aussi ajouter dans la ratatouille quelques olives noires dénoyautées et hachées.

Foies de volaille au porto et baies de genièvre

★☆ FACILE - 30 MINUTES - 15 MINUTES

POUR 12 CUILLÈRES :

3 grandes tranches de pain brioché

2 c. à s. d'huile de maïs

1 échalote

300 g de foies de volaille

2 c. à s. de porto

6 baies de genièvre

12 haricots verts

Sel et poivre

1 Pelez et émincez très finement l'échalote. Pilez grossièrement les baies de genièvre. Parez éventuellement les foies de volaille pour retirer la moindre trace de fiel. Coupez-les en morceaux.

2 Faites chauffer l'huile dans une sauteuse, ajoutez l'échalote et remuez sur feu modéré jusqu'à ce qu'elle devienne translucide. Ajoutez les foies de volaille et mélangez. Faites-les revenir sur feu un peu plus fort pendant quelques minutes jusqu'à ce qu'ils soient bien dorés et légèrement croustillants.

3 Versez le porto, déglacez en remuant avec une spatule en bois et retirez du feu. Versez le contenu de la sauteuse dans un saladier, ajoutez les baies de genièvre, salez et poivrez. Écrasez le tout avec une fourchette et laissez reposer.

4 Faites cuire les haricots verts dans une petite casserole d'eau salée pendant quelques minutes en les gardant un peu croquants. Rafraîchissez-les à l'eau glacée pour stopper la cuisson et les garder bien verts.

5 Faites légèrement griller les tranches de pain brioché et découpez dedans douze ronds ou ovales à l'aide d'un emporte-pièce pour garnir le fond des cuillères. Répartissez les foies de volaille par-dessus et décorez d'un haricot vert coupé en deux, posé en croix.

Bonbons de foie gras à la confiture d'oignons

★☆ FACILE - 25 MINUTES - 20 MINUTES

POUR 12 CUILLÈRES :

200 g de foie gras de canard mi-cuit

4 gros oignons doux

1 c. à s. d'huile

1 c. à s. de miel

1 c. à c. de vinaigre de xérès

12 gros raisins secs (Smyrne ou Malaga)

2 c. à s. de porto

Sel et poivre

1 Réservez le foie gras de canard au réfrigérateur jusqu'au dernier moment.

2 Mettez les raisins secs dans un bol et recouvrez-les de porto. Laissez reposer pendant la préparation de la confiture d'oignons. Pelez les oignons et émincez-les très finement.

3 Faites chauffer l'huile dans une casserole à fond épais. Ajoutez les oignons et faites-les cuire doucement en remuant sans arrêt pour les faire blondir légèrement. Salez et poivrez.

4 Ajoutez le miel et le vinaigre. Continuez à faire cuire à découvert en remuant de temps en temps, sur feu doux, jusqu'à ce qu'ils soient bien fondus et transformés en compote assez épaisse. Retirez du feu et laissez tiédir.

5 Pendant ce temps, détaillez le foie gras en douze petites bouchées de même taille. Égouttez et épongez les raisins secs.

6 Garnissez des cuillères de confiture d'oignons, posez une bouchée de foie gras dessus et décorez d'un grain de raisin. Donnez un tour de moulin à poivre et servez.

VARIANTE

Vous pouvez remplacer les raisins secs par des grains de raisin muscat frais, pelés et épépinés, également macérés au porto. Pour une présentation plus raffinée, badigeonnez les bouchées de foie gras avec un peu de gelée et laissez-la prendre au réfrigérateur avant de les poser sur les cuillères.

Mascarpone à l'avocat et au citron vert

★☆ FACILE - 20 MINUTES - 30 SECONDES

POUR 20 CUILLÈRES :

2 avocats mûrs

1 grosse tomate

2 citrons verts non traités

200 g de mascarpone

20 tiges de ciboulette

Sel et paprika

1 Râpez finement le zeste des citrons verts. Pressez leur jus. Réservez séparément. Coupez les avocats en deux, retirez le noyau.

2 Prélevez toute la chair et mettez-la dans un saladier. Ajoutez le jus des citrons et le mascarpone. Mélangez intimement en écrasant les ingrédients avec une fourchette.

3 Plongez la tomate dans une petite casserole d'eau portée à ébullition. Égouttez-la au bout de quelques secondes, pelez-la et coupez-la en deux, retirez les graines avec une petite cuillère et taillez la chair en très petits dés.

4 Ajoutez ces dés de tomate au mélange précédent, avec quelques pincées de sel et de paprika. Mélangez intimement et réservez au frais.

5 Lavez et épongez soigneusement les brins de ciboulette, coupez-les en tronçons de 4 cm chacun. Répartissez la préparation dans des cuillères de service et décorez le dessus avec les tronçons de ciboulette en croisillons.

Feta au poivron

★☆ FACILE - 20 MINUTES

POUR 20 CUILLÈRES :

400 g de feta

1 poivron rouge

2 fonds d'artichaut

15 cl de crème fleurette

1 c. à s. de graines de fenouil

1 c. à s. d'huile d'olive

20 feuilles de céleri bien fraîches

Fleur de sel et poivre

1 Coupez le poivron en deux, retirez les graines et les cloisons intérieures, puis taillez la chair en très petits dés.

2 Mettez les fonds d'artichaut dans un grand bol, ajoutez les graines de fenouil et l'huile d'olive, salez et poivrez. Écrasez le tout avec une fourchette jusqu'à ce que les ingrédients soient bien mélangés.

3 Coupez la feta en petits dés et mettez-les dans un autre bol, ajoutez la crème fleurette et un peu de poivre. Écrasez le tout avec une fourchette jusqu'à consistance homogène.

4 Mélangez les deux préparations, toujours avec une fourchette, puis répartissez la préparation dans des cuillères. Ajoutez sur le dessus une feuille de céleri en décor et servez très frais.

VARIANTE

Vous pouvez également réaliser cette recette avec du fromage de chèvre frais ou même de la mozzarella de lait de vache.

Taboulé aux agrumes

★☆ FACILE - 20 MINUTES - 20 MINUTES

POUR 30 CUILLÈRES :

200 g de boulghour

2 c. à s. d'huile d'olive

2 citrons

2 petits oignons blancs

1 petit bouquet de menthe

1 petit bouquet de persil plat

1 pomelo

1 orange

100 g de concombre

15 tomates cerises

1 Faites bouillir 20 cl d'eau avec l'huile d'olive. Versez le boulghour dans un saladier, versez le mélange précédent dessus, couvrez et laissez reposer pendant 20 minutes.

2 Pendant ce temps, pelez et hachez très finement les petits oignons. Pressez le jus des citrons. Ciselez finement la menthe et le persil plat.

3 Pelez à vif le pomelo et l'orange. Dégagez les quartiers et retirez la membrane qui les enveloppe. Taillez les quartiers en petits dés.

4 Pelez le concombre, coupez-le en deux, retirez les graines avec une petite cuillère et taillez la pulpe en très petits dés. Lavez et essuyez les tomates cerises, coupez-les chacune en deux.

5 Lorsque le boulghour est bien gonflé, remuez-le avec deux fourchettes pour bien l'aérer et empêcher les graines de rester collées entre elles. Ajoutez le jus de citron, le persil, la menthe, le pomelo et l'orange.

6 Mélangez délicatement et répartissez cette préparation dans des cuillères, garnissez d'une demi-tomate cerise et servez frais.

ASTUCE

N'hésitez pas à préparer le taboulé 24 heures à l'avance, et ajoutez les agrumes et les tomates au dernier moment.

Purée d'aubergine à la harissa

★☆ FACILE - 20 MINUTES - 20 MINUTES

POUR 20 CUILLÈRES :

500 g d'aubergines (deux de 250 g chacune environ)

3 c. à s. d'huile d'olive

½ citron jaune

1 c. à c. rase de harissa

20 olives vertes

2 c. à s. de pignons de pin

3 c. à s. de persil plat ciselé

Sel et poivre

1 Lavez et essuyez les aubergines. Piquez-les en plusieurs endroits avec la pointe d'un couteau pour les empêcher d'éclater.

2 Placez-les sous le gril du four préchauffé et laissez-les cuire pendant une quinzaine de minutes en les retournant de temps en temps jusqu'à ce qu'elles soient très tendres, avec la peau fripée.

3 Pelez les aubergines et mettez la pulpe au fur et à mesure dans une passoire et laissez-la s'égoutter pendant quelques instants, puis écrasez-la avec une cuillère, directement dans la passoire pour que le jus s'en échappe. (Évitez de la passer au mixeur pour ne pas la réduire en purée fine.)

4 Mettez la purée d'aubergine dans un grand bol et incorporez en fouettant l'huile d'olive, le persil, la harissa et le jus de citron ; salez et poivrez légèrement.

5 Faites rapidement griller les pignons de pin dans une petite poêle sans les laisser trop roussir. Répartissez la purée d'aubergine dans des cuillères, garnissez d'une olive et de quelques pignons de pin grillés.

Petit hachis d'agneau au curry

★☆ FACILE - 30 MINUTES - 40 MINUTES

POUR 18 CUILLÈRES :

300 g de viande d'agneau maigre sans os ni peau (gigot)

1 oignon

1 gousse d'ail

1 c. à c. d'huile

1 c. à c. rase de gingembre en poudre

1 c. à s. rase de curry de Madras en poudre

2 c. à s. de yaourt

1 c. à s. de chutney à la mangue ou à l'ananas

2 ou 3 cœurs de palmier

2 c. à s. d'amandes effilées

Sel, poivre et piment doux en poudre

1 Pelez et émincez très finement l'oignon et l'ail. Hachez la viande d'agneau avec deux couteaux (ne la passez pas au mixeur pour ne pas la réduire en purée).

2 Faites chauffer l'huile dans un wok à revêtement antiadhésif, ajoutez l'ail et l'oignon. Faites revenir en remuant sur feu modéré jusqu'à ce qu'ils soient translucides, puis ajoutez la viande hachée. Salez et poivrez légèrement. Mélangez et incorporez le gingembre et le curry.

3 Mélangez intimement et laissez cuire à découvert pendant 20 à 25 minutes, en remuant de temps en temps, puis ajoutez le yaourt et le chutney. Mélangez à nouveau et laissez au chaud sans laisser bouillir.

4 Découpez les cœurs de palmier en rondelles (il en faut dix-huit). Par ailleurs, faites chauffer une petite poêle antiadhésive et mettez les amandes effilées dedans. Faites-les griller doucement en les remuant sans les laisser trop roussir. Retirez du feu.

5 Répartissez le curry d'agneau dans des cuillères de service, garnissez chacune d'elles d'une rondelle de cœur de palmier, ajoutez une petite pincée de piment et décorez d'amandes effilées.

Jambon serrano aux fèves fraîches

★☆ FACILE - 25 MINUTES - 5 MINUTES

POUR 18 CUILLÈRES :

250 à 300 g de fèves fraîches écossées

1 petit melon mûr

150 g de jambon serrano en fines tranches

1 c. à s. d'huile d'olive vierge extra

1 c. à c. de vinaigre de xérès

50 g de manchego affiné

Sel et poivre noir

1 Remplissez une casserole d'eau et portez à ébullition, salez et plongez les fèves fraîches dedans, laissez-les bouillonner pendant 3 à 5 minutes, puis égouttez-les et rafraîchissez-les. Dérobez-les, en les pinçant une par une pour retirer la peau qui les enveloppe.

2 Mettez-les dans un plat creux, ajoutez l'huile d'olive et le vinaigre, salez et poivrez. Écrasez-les grossièrement avec une fourchette.

3 Coupez le melon en deux, retirez les graines et les fibres, prélevez la chair en petites boules à l'aide d'une cuillère parisienne. Il vous en faut dix-huit. (Gardez les parures pour agrémenter un jus de légumes ou de fruits.)

4 Détaillez les tranches de serrano en fines languettes et ajoutez-les aux fèves, mélangez délicatement et garnissez des cuillères de ce mélange. Ajoutez une bille de melon en décor et un copeau de fromage prélevé avec un couteau économe.

Gésiers aux pignons de pin

★☆ FACILE - 25 MINUTES - 15 MINUTES

POUR 20 CUILLÈRES :

1 jaune d'œuf

1 c. à c. de vinaigre de xérès

12 cl d'huile de pépins de raisin

400 g de gésiers de canard ou d'oie confits

100 g de pignons de pin

80 g de petits raisins secs blonds sans pépins

1 petite tasse de feuilles de roquette

Sel et poivre

1 Mettez le jaune d'œuf dans un bol, ajoutez le vinaigre, salez et poivrez. Fouettez vivement. Versez l'huile petit à petit sans cesser de fouetter jusqu'à consistance de mayonnaise assez épaisse. Couvrez et réservez dans le réfrigérateur.

2 Dégraissez entièrement les gésiers, soit en plongeant le bocal dans une casserole au bain-marie ; soit en les faisant chauffer tout doucement dans une poêle jusqu'à ce que la graisse ait entièrement fondu. Épongez-les sur du papier absorbant, puis coupez-les en tout petits morceaux en retirant éventuellement le cartilage. Laissez refroidir.

3 Pendant ce temps, faites griller les pignons de pin dans une petite poêle sur feu doux jusqu'à ce qu'ils soient bien dorés. Surveillez-les pour les empêcher de roussir.

4 Ciselez les feuilles de roquette comme du persil. Réunissez dans un saladier les gésiers, la roquette, les pignons de pin et les raisins secs. Ajoutez la mayonnaise et mélangez intimement.

5 Répartissez la préparation dans des cuillères, ajoutez une pincée de sel et un tour de moulin à poivre.

Bouchées

Omelette espagnole

★☆ FACILE - 20 MINUTES - 50 MINUTES À 1 HEURE

POUR 6 PERSONNES :

8 œufs

750 g de pommes de terre à chair ferme

1 gros oignon

1 petit piment doux vert

15 cl d'huile d'olive

Sel et poivre du moulin

1 Pelez les pommes de terre, lavez-les rapidement et essuyez-les, puis coupez-les en rondelles fines et régulières. Pelez l'oignon et émincez-le finement. Coupez le piment en deux, retirez les graines et hachez-le finement.

2 Faites chauffer l'huile dans une grande sauteuse, puis versez-y l'oignon et faites-le revenir sur feu vif en remuant pendant 5 minutes. Ajoutez ensuite les pommes de terre, salez et poivrez. Mélangez et laissez cuire sur feu moyen pendant 35 à 40 minutes jusqu'à ce que les pommes de terre soient tendres, en remuant souvent avec une spatule en bois.

3 Versez le contenu de la sauteuse dans une passoire pour éliminer l'excès d'huile, en veillant à en conserver une bonne cuillerée à soupe que vous verserez dans une grande poêle à revêtement antiadhésif.

4 Cassez les œufs dans un saladier, ajoutez le piment haché et battez le tout, puis ajoutez les pommes de terre aux oignons et mélangez délicatement.

5 Faites chauffer la poêle jusqu'à ce que l'huile commence à fumer et versez-y la préparation. Laissez cuire pendant 5 à 7 minutes, puis posez un plat rond sur la poêle et retournez le tout. Faites à nouveau glisser la tortilla dans la poêle et poursuivez la cuisson pendant 5 à 7 minutes, jusqu'à ce qu'elle soit bien prise.

Keftas de pois chiches

★☆ FACILE - 15 MINUTES - 10 MINUTES

POUR 4 PERSONNES :

450 g de pois chiches au naturel

150 g de farine de pois chiches

1 oignon jaune

100 g de feta

1 tomate

2 c. à s. d'huile d'olive

1 c. à s. de ciboulette ciselée

1 c. à s. de basilic ciselé

1 c. à s. de cumin moulu

Sel et poivre

Huile de friture

1 Égouttez les pois chiches, passez-les quelques instants sous l'eau chaude dans une passoire. Pelez-les un par un en les pinçant délicatement entre le pouce et l'index pour les « dérober » : leur peau s'enlève toute seule. Pelez l'oignon et émincez-le. Râpez grossièrement la feta.

2 Mettez les pois chiches pelés dans le bol d'un mixeur, ajoutez la farine de pois chiches, l'oignon émincé, la feta râpée, l'huile d'olive, le cumin, du sel et du poivre. Mixez pour obtenir une pâte homogène. Poudrez d'un peu de farine de pois chiches si elle reste collante.

3 Versez cette préparation dans une jatte, ajoutez la ciboulette et le basilic. Pelez, épépinez et concassez la tomate et incorporez-la à la pâte. Façonnez cette dernière en boulettes entre les paumes de vos mains légèrement farinées.

4 Chauffez l'huile à 150 °C (un brin de persil y grésille en 2 secondes environ). Faites frire les boulettes pendant 2 à 3 minutes, jusqu'à ce qu'elles soient bien dorées. Servez avec une salade de pourpier et de poivrons rouges.

Feuilletés au fromage

★☆ FACILE - 20 MINUTES - 45 MINUTES

POUR 4 PERSONNES :

8 feuilles de brick

80 g de beurre

40 g de farine

20 cl de lait

1 œuf

400 g de feta

200 g de fromage kefalotiri
(ou de comté vieux)

1 pincée de noix muscade moulue

Sel et poivre

1 Faites fondre 40 g de beurre dans une casserole sur feu doux, ajoutez la farine d'un coup et mélangez. Incorporez progressivement le lait sans laisser de grumeaux. Retirez du feu, ajoutez la muscade. Laissez refroidir cette béchamel en remuant de temps en temps pour éviter la formation d'une peau à la surface.

2 Ajoutez l'œuf dans la sauce refroidie, mélangez bien, puis incorporez le kefalotiri râpé et la feta émiettée. Salez et poivrez.

3 Préchauffez le four à 180 °C (th. 6). Faites fondre le reste de beurre et badigeonnez-en une feuille de brick à l'aide d'un pinceau. Déposez au centre un huitième de la préparation et repliez la pâte plusieurs fois autour de la farce pour obtenir un triangle. Préparez ainsi huit feuilletés.

4 Disposez les feuilletés sur une plaque garnie de papier sulfurisé et badigeonnez-les de beurre fondu. Enfournez et laissez cuire pendant 20 minutes. Servez immédiatement.

LE SAVIEZ-VOUS ?

Le kefalotiri est un fromage à pâte dure assez salé, très utilisé dans la cuisine grecque traditionnelle, notamment dans la préparation de gratins.

Petits chaussons au thon

★☆ FACILE - 30 MINUTES - 30 MINUTES

POUR UNE VINGTAINE DE PETITS CHAUSSONS :

2 c. à s. d'huile d'olive

1 gros oignon

100 g de thon en boîte

4 pimientos en boîte

1 grosse tomate

2 c. à s. de persil plat ciselé

1 œuf dur

2 c. à s. de ketchup

250 g de pâte brisée

1 œuf

Farine

Sel et poivre du moulin

1 Pelez et hachez finement l'oignon. Égouttez et émiettez le thon. Hachez les pimientos. Ébouillantez, pelez et hachez la tomate. Écalez et hachez l'œuf dur.

2 Faites chauffer l'huile dans une grande poêle, ajoutez l'oignon et faites-le revenir sur feu moyen en remuant sans arrêt pendant une dizaine de minutes. Quand il est bien doré, ajoutez le thon, les pimientos, la tomate et le persil. Faites cuire en remuant pendant 5 minutes.

3 Hors du feu, ajoutez le ketchup et l'œuf dur, salez et poivrez. Laissez refroidir.

4 Farinez le plan de travail, étalez la pâte brisée et découpez une vingtaine de ronds de 7 cm de diamètre, à l'aide d'un verre retourné. Tapissez deux tôles à pâtisserie avec du papier sulfurisé et déposez dessus les disques de pâte.

5 Préchauffez le four à 190 °C (th.6). Posez une cuillerée de farce sur chaque disque, rabattez les bords et pincez-les. Badigeonnez les chaussons avec l'œuf battu dans un peu d'eau et faites-les cuire au four pendant une quinzaine de minutes. Servez-les bien chauds.

Petits farcis au fromage

★☆ FACILE - 45 MINUTES - 30 MINUTES - 1 HEURE

POUR 4 PERSONNES :

2 belles pommes de terre

60 g de parmesan râpé

200 g de feta

100 g de cheddar coupé en cubes

Huile de friture

Sel

POUR LA PÂTE

250 g de farine de maïs

3 œufs

10 cl d'huile

1 pincée de sel

60 cl d'eau

1 Faites cuire les pommes de terre lavées dans de l'eau bouillante salée pendant 15 minutes. Égouttez-les et épluchez-les. Placez la chair dans un grand bol. Écrasez-la grossièrement à la fourchette et laissez refroidir à température ambiante.

2 Pendant ce temps, mélangez la farine de maïs, une pincée de sel et 60 cl d'eau dans un saladier. Ajoutez les œufs, l'huile et pétrissez pendant quelques minutes, jusqu'à l'obtention d'une pâte lisse, mais pas collante. Placez 1 heure au frais.

3 Placez la feta et le parmesan dans le bol d'un robot et mixez brièvement pour les émietter. Ajoutez la pâte à base de farine de maïs et actionnez de nouveau l'appareil. Incorporez enfin les pommes de terre et mixez jusqu'à l'obtention d'une pâte lisse, mais pas collante. Ajoutez un peu d'eau si la pâte vous paraît trop épaisse.

4 Placez la boule de pâte sur le plan de travail et divisez-la en petites boules de la taille d'une noix. Aplatissez chaque boule de pâte avec la paume de la main et placez un peu de farce ainsi qu'un cube de cheddar au centre. Repliez soigneusement la pâte autour du fromage et donnez une forme allongée à la boule. Renouvelez l'opération jusqu'à épuisement des ingrédients.

5 Chauffez l'huile dans une poêle et faites-y frire les petits farcis par trois ou quatre, 2 minutes de chaque côté. Réservez au chaud sur du papier absorbant dans le four à 120 °C (th. 4).

ASTUCE

Servez avec un guacamole bien relevé, dont les épices accompagneront très bien la saveur de la farine de maïs.

Beignets de langoustine à la citronnelle

★★ ASSEZ FACILE - 30 MINUTES - 15 MINUTES - ✳ 1 HEURE

POUR 4 PERSONNES :

12 à 20 langoustines, selon la taille

1 tige de citronnelle asiatique (schénanthe)

4 ou 5 feuilles de brick

1 c. à s. d'huile d'arachide

Huile de friture

1 c. à s. de nuoc-mâm

1 Coupez largement l'extrémité de la tige de citronnelle, éliminez les feuilles extérieures et émincez-la finement. Étêtez les langoustines et décortiquez-les en laissant le dernier anneau et l'éventail de la queue.

2 Mettez les langoustines, la citronnelle, le nuoc-mâm et l'huile dans un plat creux, et remuez bien. Couvrez et laissez mariner 1 heure au réfrigérateur.

3 Étalez les feuilles de brick sur le plan de travail et coupez chacune en quatre en partant du centre, comme une tarte. Enveloppez chaque langoustine d'un morceau de feuille de brick et maintenez ces petits paquets fermés avec une pique en bois.

4 Chauffez l'huile de friture à 180 °C. Plongez les beignets dans l'huile chaude par petites quantités et faites-les frire 2 ou 3 minutes en les retournant plusieurs fois, jusqu'à ce qu'ils soient bien dorés. Sortez-les au fur et à mesure à l'aide d'une écumoire, égouttez-les sur du papier absorbant et servez-les aussitôt.

ASTUCE

Les langoustines ne supportent pas une cuisson longue. Plongez-les dans l'huile chaude juste le temps nécessaire pour dorer la feuille de brick.

Beignets de légumes aux cébettes

★☆ FACILE - 25 MINUTES - 30 MINUTES - 1 HEURE

POUR 4 PERSONNES :

1 aubergine

1 courgette

½ poivron rouge

½ gousse d'ail

2 gros oignons nouveaux (cébettes)

Huile de friture

2 c. à s. d'huile d'olive

Sel et poivre du moulin

POUR LA PÂTE

2 œufs

125 g de farine

1 c. à s. d'huile

12 cl de bière blonde

1 grosse pincée de sel

1 Préparez la pâte. Mettez la farine et le sel dans un saladier, et mélangez. Fouettez les œufs et la bière dans un grand bol, puis versez le mélange petit à petit sur la farine, sans cesser de remuer à l'aide d'une cuillère en bois, jusqu'à ce que la pâte soit parfaitement lisse. Ajoutez l'huile, mélangez bien et laissez reposer 1 heure à température ambiante.

2 Pelez les oignons et émincez-les finement. Lavez le demi-poivron, ôtez les pépins et les filaments blancs, et détaillez-le en très petits dés. Chauffez l'huile d'olive dans une poêle et faites-y revenir les oignons et le poivron très doucement jusqu'à ce que l'oignon soit translucide. Retirez du feu et laissez refroidir.

3 Lavez la courgette et l'aubergine, séchez-les, pelez-les et détaillez-les en très petits dés. Épluchez l'ail et écrasez-le. Mettez-le avec la courgette, l'aubergine, les oignons et le poivron fondus dans un saladier, salez et poivrez, versez-y la pâte et mélangez jusqu'à ce que la préparation soit parfaitement homogène.

4 Chauffez l'huile de friture à 180 °C. Prélevez des cuillerées à soupe de la préparation et faites-les glisser dans l'huile chaude. Faites-les frire par petites quantités 3 à 4 minutes en les retournant jusqu'à ce que les beignets soient bien dorés. Sortez-les au fur et à mesure à l'aide d'une écumoire, égouttez-les sur du papier absorbant et servez-les très chauds.

Acras de morue

★☆ FACILE - 30 MINUTES - 40 MINUTES - 24 HEURES + 1 HEURE

POUR 4 PERSONNES :

350 g de filets de morue

1 citron

1 gousse d'ail

2 petits oignons nouveaux

Huile de friture

1 c. à s. de persil ciselé

1 petit piment oiseau

1 pincée de piment de Cayenne

POUR LA PÂTE

10 cl de lait

1 œuf

100 g de farine

½ sachet de levure chimique

Sel du moulin

1 Mettez la morue dans une passoire placée dans un récipient rempli d'eau froide. Laissez-la tremper 24 heures en renouvelant l'eau plusieurs fois.

2 Préparez la pâte. Mettez la farine, la levure et l'œuf dans un saladier, et mélangez. Ajoutez juste assez de lait pour obtenir une pâte molle, mais très épaisse, sans cesser de remuer à l'aide d'une cuillère en bois. Salez et laissez reposer 1 heure.

3 Égouttez la morue. Mettez-la dans une casserole, recouvrez-la d'eau froide et portez à la limite de l'ébullition. Laissez cuire 8 à 10 minutes à petits frémissements. Égouttez la morue, séchez-la dans du papier absorbant et émiettez la chair en retirant soigneusement toutes les arêtes. Écrasez-la à la fourchette dans un saladier pour obtenir une purée grossière.

4 Pelez les oignons et hachez-les finement. Écrasez le piment au pilon ou émincez-le finement. Pelez l'ail et écrasez-le. Incorporez le piment, l'ail et le persil à la chair de morue, ajoutez le piment de Cayenne et mélangez bien.

5 Chauffez l'huile de friture à 180 °C. Incorporez la pâte à la purée de morue assaisonnée et façonnez des boulettes entre deux cuillères à café, jusqu'à épuisement du mélange. Plongez-les dans l'huile chaude par petites quantités et faites-les frire en les retournant plusieurs fois, jusqu'à ce que les acras soient bien dorés. Sortez-les au fur et à mesure à l'aide d'une écumoire, égouttez-les sur du papier absorbant et servez-les chauds ou tièdes, avec des quartiers de citron.

Croquettes de morue

★☆ FACILE - 30 MINUTES - 30 MINUTES

POUR 6 PERSONNES :

500 g de morue

6 pommes de terre bintje moyennes

½ bouquet de persil plat

3 gousses d'ail

3 c. à s. de farine

50 cl d'huile de friture

Sel

1 Pelez les pommes de terre et faites-les bouillir 10 minutes avec la morue dans de l'eau très légèrement salée.

2 Pelez l'ail. Lavez le persil et essorez-le.

3 Mixez les pommes de terre avec la morue, l'ail et le persil. Goûtez pour vérifier l'assaisonnement.

4 Versez le mélange dans un saladier et formez des boulettes de 3 cm de diamètre environ.

5 Versez la farine dans une assiette. Chauffez l'huile dans une poêle en évitant qu'elle ne fume. Roulez les croquettes dans la farine. Faites-les frire quelques minutes dans la poêle, par petites quantités, en les retournant. Sortez-les au fur et à mesure et égouttez-les sur du papier absorbant. Servez chaud.

Bouchées de saumon aux épinards

★☆ FACILE - 30 MINUTES - 30 MINUTES

POUR 6 PERSONNES :

6 filets de saumon

500 g d'épinards en branches

6 branches de coriandre

2 gousses d'ail

6 brins de ciboulette

50 g de beurre

8 feuilles de brick

3 c. à s. d'huile d'arachide

Sel et poivre

1 Lavez soigneusement les épinards, feuille par feuille. Pelez l'ail et lavez-le ainsi que la coriandre. Hachez l'ail.

2 Dans une sauteuse, faites fondre le beurre et versez dedans les branches d'épinards avec 10 cl d'eau. Salez, poivrez et ajoutez l'ail. Laissez fondre à feu doux.

3 Préchauffez le four à 220 °C (th. 7).

4 Lorsque les épinards sont cuits, au bout de 15 minutes environ, mettez-les de côté et laissez-les tiédir.

5 Dans une casserole d'eau bouillante salée, faites ramollir pendant 1 minute les brins de ciboulette. Gardez-les séparés dans une assiette.

6 Détachez les feuilles de brick de leur papier de séparation. Conservez-en six entières et coupez les deux autres en quatre. À l'aide d'un pinceau, badigeonnez d'huile d'arachide les feuilles et la plaque du four.

7 Dans le centre de la feuille, déposez une branche de coriandre, étalez des épinards et posez dessus un filet de saumon. Remontez les bords de la feuille et attachez avec un brin de ciboulette.

8 Déposez les bouchées sur la plaque du four et faites cuire 10 minutes. Servez chaud. Présentez-les avec quelques quartiers de citrons jaunes et verts.

Choux aux œufs de saumon et chantilly à l'aneth

★☆ FACILE - 30 MINUTES - 30 MINUTES

POUR 4 PERSONNES :

1 bouquet d'aneth

30 cl de crème fleurette

200 g d'œufs de saumon

Sel et poivre du moulin

POUR LA PÂTE

2 œufs

40 g de beurre

40 g de farine de blé

40 g de farine de seigle

12,5 cl d'eau

1 grosse pincée de sel

1 Préchauffez le four à 220 °C (th. 7). Mélangez les deux farines et préparez la pâte à choux : réunissez dans une casserole l'eau, le sel et le beurre en petits morceaux. Portez à ébullition en remuant. Hors du feu, ajoutez la farine en une seule fois et mélangez vigoureusement. Remettez à feu doux, jusqu'à ce que la pâte se détache de la casserole et forme une boule. Hors du feu, incorporez les œufs un par un. La pâte doit être lisse, souple et brillante. Formez douze petits choux, enfournez-les pour 30 minutes environ et laissez-les refroidir.

2 Lavez et séchez soigneusement l'aneth. Supprimez les tiges les plus grosses et hachez-le finement.

3 Réunissez dans un saladier la crème fleurette bien froide, une pincée de sel et un peu de poivre. Fouettez la crème jusqu'à ce qu'elle forme des pics sur les branches du fouet.

4 Incorporez l'aneth et les œufs de saumon dans la chantilly. Coupez les choux refroidis aux deux tiers de la hauteur et garnissez-les de chantilly aux œufs de saumon.

Madeleines au curry et aux crevettes

★★ ASSEZ FACILE - 20 MINUTES - 20 MINUTES - 1 HEURE

POUR 16 MADELEINES ENVIRON :

260 g de crevettes roses à décortiquer

1 gousse d'ail

3 œufs

15 g de parmesan fraîchement râpé

150 g de farine

1 c. à c. rase de levure chimique

2 c. à c. de curry

6 c. à s. d'huile d'olive ou de tournesol

Sel et poivre du moulin

1 Décortiquez les crevettes, coupez-les en petits morceaux, puis faites-les revenir dans une poêle avec une cuillerée à soupe d'huile et l'ail écrasé. Ajoutez le curry, mélangez et éteignez le feu, laissez refroidir et ôtez l'ail. Réservez.

2 Mélangez la farine et la levure tamisées. Battez les œufs avec le parmesan. Incorporez la farine avec la levure, les crevettes, l'huile restante, une pincée de sel et du poivre. Mélangez jusqu'à obtenir une masse homogène.

3 Laissez reposer au moins 1 heure au réfrigérateur.

4 Préchauffez le four à 270 °C (th. 9/10). Remplissez des moules à madeleines aux deux tiers et enfournez pendant 4 minutes. Baissez le four à 210 °C (th. 6/7) et poursuivez la cuisson 6 minutes environ, jusqu'à ce que les madeleines soient dorées.

5 Sortez les madeleines du four, attendez quelques minutes pour les démouler et savourez-les encore tièdes.

ASTUCE

Dans le cadre d'un repas d'inspiration orientale, vous pourrez servir ces madeleines en entrée accompagnées d'une salade mixte avec quelques feuilles de coriandre fraîche.

Madeleines au foie gras et aux figues

★★ ASSEZ FACILE - 15 MINUTES - 10 MINUTES - ✳ 1 HEURE

POUR 16 MADELEINES ENVIRON :

- 130 g de foie gras
- 3 œufs
- 15 g de parmesan
- 150 g de farine
- 1 c. à c. rase de levure chimique
- 3 figues séchées
- 5 c. à s. d'huile de tournesol
- Sel et poivre du moulin

1 Coupez les figues et le foie gras en petits dés. Réservez.

2 Mélangez la farine tamisée avec la levure. Fouettez les œufs avec le parmesan. Incorporez la farine avec la levure, les figues, le foie gras, l'huile, une pincée de sel et du poivre. Mélangez délicatement jusqu'à obtenir une masse homogène.

3 Laissez reposer au moins 1 heure au réfrigérateur.

4 Préchauffez le four à 270 °C (th. 9/10). Remplissez les moules à madeleines aux deux tiers et enfournez pendant 4 minutes. Baissez le four à 210 °C (th. 6/7) et poursuivez la cuisson 6 minutes environ, jusqu'à ce que les madeleines soient dorées.

5 Sortez les madeleines du four, attendez quelques minutes pour les démouler et savourez-les encore tièdes.

Bouchées de champignons aux crevettes

★☆ FACILE - 35 MINUTES - 25 MINUTES

POUR 6 PERSONNES :

- 800 g de crevettes cuites décortiquées
- 300 g de champignons mélangés (pleurotes, cèpes, girolles)
- 5 échalotes
- 1 bouquet de ciboulette
- 250 g de beurre
- 20 cl de crème fleurette
- 9 feuilles de brick
- 2 c. à s. d'huile d'olive
- Sel et poivre

1 Lavez les champignons et séchez-les dans un linge.

2 Pelez les échalotes et coupez-les en tout petits morceaux. Dans une sauteuse, versez l'huile d'olive et faites revenir la moitié des échalotes. Faites cuire ensuite les champignons à feu vif pendant 2 minutes, puis 10 minutes à feu doux jusqu'à ce qu'ils perdent leur eau et qu'ils soient dorés.

3 Ajoutez les crevettes, mélangez 2 minutes et réservez.

4 Dans une casserole d'eau bouillante salée, faites ramollir six brins de ciboulette 1 minute, puis déposez-les chacun sur une assiette.

5 Préchauffez le four à 180 °C (th. 6).

6 Détachez les feuilles de brick de leur papier de séparation, gardez six feuilles entières et coupez deux ronds dans les feuilles restantes.

7 Faites fondre 50 g de beurre et enduisez-en les feuilles de brick, à l'aide d'un pinceau.

8 Déposez au centre de chaque feuille de brick un rond découpé, déposez au centre le mélange crevettes-champignons et remontez les bords de la feuille pour la fermer avec un brin de ciboulette.

9 Posez sur la plaque du four et faites dorer 5 minutes environ.

10 Pendant ce temps, préparez la sauce : dans une casserole, faites fondre le beurre, ajoutez les échalotes restantes, la crème fleurette et le reste de ciboulette ciselée. Salez et poivrez.

11 Placez les bouchées dans des assiettes individuelles et versez la sauce autour.

Index

Les auteurs des recettes

Stéphanie Bulteau : pp. 8, 10, 12, 14, 16, 18, 20, 22, 24, 26 ; Véronique Cauvin : p. 28 ; Ghislaine Danan-Benady : pp. 114, 116, 124 ; Yannis Efstathiadis : pp. 30, 32, 100, 102 ; Sylvie Girard-Lagorce : pp. 38, 40, 42, 44, 48, 50, 52, 54, 56, 58, 60, 62, 64, 68, 70, 72, 74, 76, 78, 80, 82, 84, 86, 88, 90, 92, 94 ; Magali Lauriot : p. 118 ; Martine Lizambard : pp. 46, 108, 110, 112 ; Lucia Pantaleoni : pp. 120, 122 ; Carmen Ruiz Montoya/Jennifer Iserloh : pp. 34, 106 ; Isabel Valverde : pp. 98, 104

Crédits photographiques

Jean Bono/John Bentham : p. 115 ; Jean Bono/Emmanuel Renault : pp. 69, 71, 73, 75, 77, 79, 81, 83, 85, 87, 89, 91, 93, 95, 119 ; Éric Fénot/Delphine Brunet : pp. 39, 41, 43, 45, 49, 51, 53, 55, 57, 59, 61, 63, 65, 121, 123 ; Valéry Guedes/Natacha Arnoult : pp. 29, 31, 33, 35, 99, 101, 103, 105, 107 ; Nicolas Leser/Ulrike Skadow : pp. 109, 111, 113 ; Aline Princet/Motoko Okuno : p. 47 ; Bernard Radvaner/Anne-Sophie Lhomme : pp. 9, 11, 13, 15, 17, 19, 21, 23, 25, 27 ; Nathanaël Turpin-Griset/Sandra Mahut : pp. 117, 125

Direction Littéraire : Corinne Cesano
Collaboration éditoriale : Diane Monserat / Vanessa Redureau / Delphine Depras
Maquette : Julia Philipps
Fabrication : Laurence Ledru-Duboscq
Photographie de couverture : Éric Fénot / Delphine Brunet

Imprimé en France par I.M.E.

ISBN : 978-2-263-05071-8
Code éditeur : S05071/04
Dépôt légal : avril 2010